Rimas

Rimas
Gustavo Adolfo Bécquer

RIMAS. GUSTAVO ADOLFO BÉCQUER. Esmeralda Publishing LLC.

Antecedentes:

Las obras que integran este título fueron publicadas originalmente en 1871.

©2021, Esmeralda Publishing LLC.

Este libro no podrá reproducirse, transmitirse en forma alguna ni por ningún medio, ya sea electrónico o mecánico, incluso fotocopia, grabación o cualquier otro sistema de almacenamiento o recuperación, sin el consentimiento escrito del editor, salvo en los casos previstos por la legislación pertinente.

Para más información, visite nuestro sitio web: www.esmeraldapublishing.com Esmeralda Publishing y su logo son marcas registradas de Esmeralda Publishing LLC.

ISBN: 978-1-64800-024-9

Información de portada:

Mädchen mit Lyra (1940) – Leopold Schmutzler

Diseño: Ariel Wajnerman

INTRODUCCIÓN SINFÓNICA

Por los tenebrosos rincones de mi cerebro, acurrucados y desnudos, duermen los extravagantes hijos de mi fantasía, esperando en silencio que el Arte los vista de la palabra para poderse presentar decentes en la escena del mundo.

Fecunda, como el lecho de amor de la Miseria, y parecida a esos padres que engendran más hijos de los que pueden alimentar, mi Musa concibe y pare en el misterioso santuario de la cabeza, poblándola de creaciones sin número a las cuales ni mi actividad ni todos los años que me restan de vida serían suficientes a dar forma.

Y aquí dentro, desnudos y deformes, revueltos y barajados en indescriptible confusión, los siento a veces agitarse y vivir con una vida oscura y extraña, semejante a la de esas miríadas de gérmenes que hierven y se estremecen en una eterna incubación dentro de las entrañas de la tierra, sin encontrar fuerzas bastantes para salir a la superficie y convertirse al beso del sol en flores y frutos.

Conmigo van, destinados a morir conmigo, sin que de ellos quede otro rastro que el que deja un sueño de la media noche que a la mañana no puede recordarse. En algunas ocasiones, y ante esa idea terrible se subleva en ellos el instinto de la vida, y agitándose en terrible aunque silencioso tumulto, buscan en tropel por donde salir a la luz, de las tinieblas en que viven. Pero, ¡ay!, que entre el mundo de la idea y el de la forma existe un abismo que solo puede salvar la palabra; y la palabra, tímida y perezosa, se niega a secundar sus esfuerzos. Mudos, sombríos e impotentes, después de la inútil lucha vuelven a caer en su antiguo marasmo. Tal caen inertes en los surcos de las sendas, si cae el viento, las hojas amarillas que levantó el remolino.

Estas sediciones de los rebeldes hijos de la imaginación explican algunas de mis fiebres: ellas son la causa desconocida para la Ciencia de mis exaltaciones y mis abatimientos. Y así, aunque mal, vengo viviendo hasta aquí: paseando por entre la indiferente multitud esta silenciosa tempestad de mi cabeza. Así vengo viviendo; pero todas las cosas tienen un término, y a estas hay que ponerles punto.

El Insomnio y la Fantasía siguen y siguen procreando en monstruoso maridaje. Sus creaciones, apretadas ya como las raquíticas plantas de un vivero, pugnan por dilatar su fantástica existencia disputándose los átomos de la memoria, como el escaso jugo de una tierra estéril. Necesario es abrir paso a las aguas profundas, que acabarán por romper el dique, diariamente aumentadas por un manantial vivo.

¡Andad, pues!; andad y vivid con la única vida que puedo daros. Mi inteligencia os nutrirá lo suficiente para que seáis palpables; os vestirá, aunque sea de harapos, lo bastante para que no avergüence vuestra desnudez. Yo quisiera forjar para cada uno de vosotros una maravillosa estrofa tejida de frases exquisitas en las que os pudierais envolver con orgullo como en un manto de púrpura. Yo quisiera poder cincelar la forma que ha de conteneros, como se cincela el vaso de oro que ha de guardar un preciado perfume. ¡Mas es imposible!

No obstante necesito descansar: necesito, del mismo modo que se sangra el cuerpo por cuyas hinchadas venas se precipita la sangre con pletórico empuje, desahogar el cerebro, insuficiente a contener tantos absurdos.

Quedad, pues, consignados aquí, como la estela nebulosa que señala el paso de un desconocido cometa, como los átomos dispersos de un mundo en embrión que avienta por el aire la muerte antes que su Creador haya podido pronunciar el *fiat lux* que separa la claridad de las sombras.

No quiero que en mis noches sin sueño volváis a pasar por delante de mis ojos en extravagante procesión, pidiéndome con gestos y contorsiones que os saque a la vida de la realidad del limbo en que vivís semejantes a fantasmas sin consistencia. No quiero que, al romperse esta arpa vieja y cascada ya, se pierdan a la vez que el instrumento las ignoradas notas que contenía. Deseo ocuparme un poco del mundo que me rodea pudiendo, una vez vacío, apartar los ojos de este otro mundo que llevo dentro de la cabeza. El sentido común que es la barrera de los sueños comienza a flaquear, y las gentes de diversos campos se mezclan y confunden. Me cuesta trabajo saber qué cosas he soñado y cuáles me han sucedido: mis afectos se reparten entre fantasmas de la imaginación y personajes reales; mi memoria clasifica revueltos nombres y fechas de mujeres y días que han muerto o han pasado con los de días y mujeres que no han existido sino en mi mente. Preciso es acabar arrojándoos de la cabeza de una vez para siempre.

Si morir es dormir, quiero dormir en paz en la noche de la Muerte sin que vengáis a ser mi pesadilla maldiciéndome por haberos condenado a la nada antes de haber nacido. Id pues al mundo a cuyo contacto fuisteis engendrados y quedad en él como el eco que encontraron en un alma que pasó por la tierra, sus alegrías y sus dolores, sus esperanzas y sus luchas.

Tal vez muy pronto tendré que hacer la maleta para el gran viaje: de una hora a otra puede desligarse el espíritu de la materia para remontarse a regiones más puras. No quiero cuando esto suceda llevar conmigo, como el abigarrado equipaje de un saltimbanqui, el tesoro de oropeles y guiñapos que ha ido acumulando la fantasía en los desvanes del cerebro.

Junio de 1868
Gustavo Adolfo Bécquer

I

Yo sé un himno gigante y extraño
que anuncia en la noche del alma una aurora,
y estas páginas son de ese himno
cadencias que el aire dilata en las sombras.

Yo quisiera escribirle, del hombre
domando el rebelde, mezquino idioma,
con palabras que fuesen a un tiempo
suspiros y risas, colores y notas.

Pero en vano es luchar, que no hay cifra
capaz de encerrarlo, y apenas, ¡oh, hermosa!,
si teniendo en mis manos las tuyas,
pudiera, al oído, contártelo a solas.

II

Saeta que voladora
cruza, arrojada al azar,
sin adivinarse dónde
temblando se clavará;

hoja que del árbol seca
arrebata el vendaval,
sin que nadie acierte el surco
donde a caer volverá;

gigante ola que el viento
riza y empuja en el mar,
y rueda y pasa, y no sabe
qué playa buscando va;

luz que en cercos temblorosos
brilla, próxima a expirar,
ignorándose cuál de ellos
el último brillará;

eso soy yo, que al ocaso
cruzo el mundo, sin pensar
de dónde vengo, ni adónde
mis pasos me llevarán.

III

Sacudimiento extraño
que agita las ideas,
como huracán que empuja
las olas en tropel;

murmullo que en el alma
se eleva y va creciendo,
como volcán que sordo
anuncia que va a arder;

deformes siluetas
de seres imposibles,
paisajes que aparecen
como a través de un tul;

colores que fundiéndose
remedan en el aire
los átomos del Iris
que nadan en la luz;

ideas sin palabras,
palabras sin sentido;
cadencias que no tienen
ni ritmo ni compás;

memorias y deseos
de cosas que no existen;
accesos de alegría,
impulsos de llorar;

actividad nerviosa
que no halla en qué emplearse;
sin rienda que le guíe
caballo volador;

locura que el espíritu
exalta y enardece;
embriaguez divina
del genio creador...
¡Tal es la inspiración!

***

Gigante voz que el caos
ordena en el cerebro,
y entre las sombras hace
la luz aparecer;

brillante rienda de oro,
que poderosa enfrena
de la exaltada mente
el volador corcel;

hilo de luz que en haces
los pensamientos ata;
sol que las nubes rompe
y toca en el zenit;

inteligente mano,
que en un collar de perlas
consigue las indóciles
palabras reunir;

armonioso ritmo,
que con cadencia y número
las fugitivas notas
encierra en el compás;

cincel que el bloque muerde
la estatua modelando
y la belleza plástica
añade a la ideal;

atmósfera en que giran
con orden las ideas,
cual átomos que agrupa
recóndita atracción;

raudal en cuyas ondas
su sed la fiebre apaga;

oasis que al espíritu
devuelve su vigor...
¡Tal es nuestra razón!

Con ambas siempre en lucha
y de ambas vencedor,
tan solo el genio puede
a un yugo atar las dos.

IV

No digáis que agotado su tesoro,
de asuntos falta, enmudeció la lira;
podrá no haber poetas; pero siempre
habrá poesía.

Mientras las ondas de la luz al beso
palpiten encendidas;
mientras el sol las desgarradas nubes
de fuego y oro vista;

mientras el aire en su regazo lleve
perfumes y armonías;
mientras haya en el mundo primavera,
¡habrá poesía!

Mientras la ciencia a descubrir no alcance
las fuentes de la vida,
y en el mar o en el cielo haya un abismo
que al cálculo resista;

mientras la humanidad siempre avanzando,
no sepa a do camina;
mientras haya un misterio para el hombre,
¡habrá poesía!

Mientras sintamos que se alegra el alma
sin que los labios rían;
mientras se llore sin que el llanto acuda
a nublar la pupila;

mientras el corazón y la cabeza
batallando prosigan;
mientras haya esperanzas y recuerdos,
¡habrá poesía!

Mientras haya unos ojos que reflejen
los ojos que los miran;
mientras responda el labio suspirando
al labio que suspira;

mientras sentirse puedan en un beso
dos almas confundidas;
mientras exista una mujer hermosa,
¡habrá poesía!

V

Espíritu sin nombre,
indefinible esencia,
yo vivo con la vida
sin formas de la idea.

Yo nado en el vacío
del sol tiemblo en la hoguera,
palpito entre las sombras
y floto con las nieblas.

Yo soy el fleco de oro
de la lejana estrella;
yo soy de la alta luna
la luz tibia y serena.

Yo soy la ardiente nube
que en el ocaso ondea;
yo soy del astro errante
la luminosa estela.

Yo soy nieve en las cumbres,
soy fuego en las arenas,
azul onda en los mares
y espuma en las riberas.

En el laúd soy nota,
perfume en la violeta,
fugaz llama en las tumbas
y en las ruinas hiedra.

Yo atrueno en el torrente,
y silbo en la centella,
y ciego en el relámpago
y rujo en la tormenta.

Yo río en los alcores,
susurro en la alta yerba,
suspiro en la onda pura,
y lloro en la hoja seca.

Yo ondulo con los átomos
del humo que se eleva,
y al cielo lento sube
en espiral inmensa.

Yo, en los dorados hilos
que los insectos cuelgan,
me mezclo entre los árboles,
en la ardorosa siesta.

Yo corro tras las ninfas
que en la corriente fresca

del cristalino arroyo
desnudas juguetean.

Yo, en bosque de corales
que alfombran blancas perlas,
persigo en el Océano
las náyades ligeras.

Yo, en las cavernas cóncavas,
do el sol nunca penetra,
mezclándome a los gnomos
contemplo sus riquezas.

Yo busco de los siglos
las ya borradas huellas,
y sé de esos imperios
de que ni el nombre queda.

Yo sigo en raudo vértigo
los mundos que voltean,
y mi pupila abarca
la creación entera.

Yo sé de esas regiones
a do un rumor no llega,
y donde los informes astros
de vida y soplo esperan.

Yo soy sobre el abismo
el puente que atraviesa;
yo soy la ignota escala
que el cielo une a la tierra.

Yo soy el invisible
anillo que sujeta
el mundo de la forma
al mundo de la idea.

Yo, en fin, soy ese espíritu,
desconocida esencia,
perfume misterioso
de que es vaso el poeta.

VI

Como la brisa que la sangre orea
sobre el oscuro campo de batalla,
cargada de perfumes y armonías
en el silencio de la noche vaga;

símbolo del dolor y la ternura,
del bardo inglés en el horrible drama,
la dulce Ofelia, la razón perdida,
cogiendo flores y cantando pasa.

VII

Del salón en el ángulo oscuro,
de su dueño tal vez olvidada,
silenciosa y cubierta de polvo
veíase el arpa.

¡Cuánta nota dormía en sus cuerdas,
como el pájaro duerme en las ramas,
esperando la mano de nieve
que sabe arrancarlas!

¡Ay!, pensé; cuántas veces el genio
así duerme en el fondo del alma,
y una voz, como Lázaro, espera
que le diga: "¡Levántate y anda!".

VIII

Cuando miro el azul horizonte
perderse a lo lejos,
al través de una gasa de polvo
dorado e inquieto,
me parece posible arrancarme
del mísero suelo,
y flotar con la niebla dorada
en átomos leves
cual ella deshecho.

Cuando miro de noche en el fondo
oscuro del cielo
las estrellas temblar, como ardientes
pupilas de fuego,
me parece posible a do brillan
subir en un vuelo,
y anegarme en su luz, y con ellas
en lumbre encendido
fundirme en un beso.

En el mar de la duda en que bogo
ni aún sé lo que creo;
¡sin embargo, estas ansias me dicen
que yo llevo algo
divino aquí dentro!...

IX

Besa el aura que gime blandamente
las leves ondas que jugando riza;
el sol besa a la nube de Occidente,
y de púrpura y oro la matiza;
la llama en derredor del tronco ardiente
por besar a otra llama se desliza,
y hasta el sauce, inclinándose a su peso,
al río que le besa, vuelve un beso.

X

Los invisibles átomos del aire
en derredor palpitan y se inflaman;
el cielo se deshace en rayos de oro;
la tierra se estremece alborozada;
oigo flotando en olas de armonía
rumor de besos y batir de alas;
mis párpados se cierran... ¿Qué sucede?
—¡Es el amor que pasa!

XI

—Yo soy ardiente, yo soy morena,
yo soy el símbolo de la pasión;
de ansia de goces mi alma está llena.
—¿A mí me buscas? —No es a ti; no.

—Mi frente es pálida; mis trenzas, de oro;
puedo brindarte dichas sin fin;
yo de ternura guardo un tesoro.
—¿A mí me llamas? —No; no es a ti.

—Yo soy un sueño, un imposible,
vano fantasma de niebla y luz;
soy incorpórea, soy intangible;
no puedo amarte. —¡Oh, ven; ven tú!

XII

Porque son, niña, tus ojos
verdes como el mar, te quejas:
verdes los tienen las náyades,
verdes los tuvo Minerva,
y verdes son las pupilas
de las hurís del Profeta.

El verde es gala y ornato
del bosque en la primavera.
Entre sus siete colores
brillante el Iris lo ostenta.
Las esmeraldas son verdes,
verde el color del que espera,
y las ondas del Océano,
y el laurel de los poetas.

Es tu mejilla temprana
rosa de escarcha cubierta,
en que el carmín de los pétalos
se ve a través de las perlas.
Y sin embargo,
sé que te quejas
porque tus ojos
crees que la afean:
pues no lo creas;

que parecen tus pupilas,
húmedas, verdes e inquietas,
tempranas hojas de almendro
que al soplo del aire tiemblan.

Es tu boca de rubíes
purpúrea granada abierta,
que en el estío convida
a apagar la sed en ella.
Y sin embargo,
sé que te quejas
porque tus ojos
crees que la afean:
pues no lo creas,
que parecen, si enojada
tus pupilas centellean,
las olas del mar que rompen
en las cantábricas peñas.

Es tu frente que corona
crespo el oro en ancha trenza,
nevada cumbre en que el día
su postrera luz refleja.
Y sin embargo,
sé que te quejas
porque tus ojos
crees que la afean:
pues no lo creas,

que, entre las rubias pestañas,
junto a las sienes, semejan
broches de esmeralda y oro,
que un blanco armiño sujetan.

XIII

Tu pupila es azul, y cuando ríes,
su claridad suave me recuerda
el trémulo fulgor de la mañana
que en el mar se refleja.

Tu pupila es azul, y cuando lloras,
las transparentes lágrimas en ella
se me figuran gotas de rocío
sobre una violeta.

Tu pupila es azul, y si en su fondo,
como un punto de luz radia una idea
me parece en el cielo de la tarde,
¡una perdida estrella!

XIV

Te vi un punto, y, flotando ante mis ojos,
la imagen de tus ojos se quedó,
como la mancha oscura, orlada en fuego,
que flota y ciega, si se mira al sol.

A donde quiera que la vista fijo,
torno a ver tus pupilas llamear;
mas no te encuentro a ti; que es tu mirada:
unos ojos, los tuyos, nada más.

De mi alcoba en el ángulo los miro
desasidos fantásticos lucir:
cuando duermo los siento que se ciernen
de par en par abiertos sobre mí.

Yo sé que hay fuegos fatuos que en la noche
llevan al caminante a perecer:
yo me siento arrastrado por tus ojos,
pero a dónde me arrastran, no lo sé.

XV

Cendal flotante de leve bruma,
rizada cinta de blanca espuma,
rumor sonoro
de arpa de oro,
beso del aura, onda de luz,
eso eres tú.

Tú, sombra aérea que, cuantas veces
voy a tocarte, te desvaneces
como la llama, como el sonido,
como la niebla, como un gemido
del lago azul.

En mar sin playas onda sonante,
en el vacío cometa errante,
largo lamento
del ronco viento,
ansia perpetua de algo mejor,
eso soy yo.

¡Yo, que a tus ojos en mi agonía
los ojos vuelvo de noche y día;
yo, que incansable corro y demente
tras una sombra, tras la hija ardiente
de una visión!

XVI

Si al mecer las azules campanillas
de tu balcón,
crees que suspirando pasa el viento
murmurador,
sabe que, oculto entre las verdes hojas,
suspiro yo.

Si al resonar confuso a tus espaldas
vago rumor,
crees que por tu nombre te ha llamado
lejana voz,
sabe que, entre las sombras que te cercan,
te llamo yo.

Si se turba medroso en la alta noche
tu corazón,
al sentir en tus labios un aliento
abrasador,
sabe que, aunque invisible, al lado tuyo
respiro yo.

XVII

Hoy la tierra y los cielos me sonríen;
hoy llega al fondo de mi alma el sol;
hoy la he visto... la he visto y me ha mirado...
¡Hoy creo en Dios!

XVIII

Fatigada del baile,
encendido el color, breve el aliento,
apoyada en mi brazo,
del salón se detuvo en un extremo.

Entre la leve gasa
que levantaba el palpitante seno,
una flor se mecía
en compasado y dulce movimiento.

Como cuna de nácar
que empuja el mar y que acaricia el céfiro,
tal vez allí dormía
al soplo de sus labios entreabiertos.

—¡Oh! ¿Quién así, pensaba,
dejar pudiera deslizarse el tiempo?
¡Oh, si las flores duermen,
qué dulcísimo sueño!

XIX

Cuando sobre el pecho inclinas
la melancólica frente,
una azucena tronchada
me pareces.

Porque al darte la pureza,
de que es símbolo celeste,
como a ella, te hizo Dios
de oro y de nieve.

XX

Sabe, si alguna vez tus labios rojos
quema invisible atmósfera abrasada,
que el alma que hablar puede con los ojos,
también puede besar con la mirada.

XXI

¿Qué es poesía?, dices mientras clavas
en mi pupila tu pupila azul;
¿Qué es poesía? ¿Y tú me lo preguntas?
¡Poesía... eres tú!

XXII

¿Cómo vive esa rosa que has prendido
junto a tu corazón?
Nunca hasta ahora contemplé en la tierra
sobre el volcán la flor.

XXIII

Por una mirada, un mundo;
por una sonrisa, un cielo;
por un beso... ¡yo no sé
qué te diera por un beso!

XXIV

Dos rojas lenguas de fuego
que, a un mismo tronco enlazadas,
se aproximan, y al besarse
forman una sola llama;

dos notas que del laúd
a un tiempo la mano arranca,
y en el espacio se encuentran
y armoniosas se abrazan;

dos olas que vienen juntas
a morir sobre una playa,
y que al romper se coronan
con un penacho de plata;

dos jirones de vapor
que del lago se levantan,
y al juntarse allí en el cielo
forman una nube blanca;

dos ideas que al par brotan,
dos besos que a un tiempo estallan,
dos ecos que se confunden...
eso son nuestras dos almas.

XXV

Cuando en la noche te envuelven
las alas de tul del sueño,
y tus tendidas pestañas
semejan arcos de ébano;
por escuchar los latidos
de tu corazón inquieto,
y reclinar tu dormida
cabeza sobre mi pecho,
diera, alma mía,
cuanto poseo,
¡la luz, el aire
y el pensamiento!

Cuanto se clavan tus ojos
en un invisible objeto,
y tus labios ilumina
de una sonrisa el reflejo;
por leer sobre tu frente
el callado pensamiento
que pasa como la nube
del mar sobre el ancho espejo,
diera, alma mía,
cuanto deseo;
¡la fama, el oro,
la gloria, el genio!

Cuanto enmudece tu lengua,
y se apresura tu aliento,
y tus mejillas se encienden,
y entornas tus ojos negros;
por ver entre tus pestañas
brillar con húmedo fuego
la ardiente chispa que brota
del volcán de los deseos,
diera, alma mía,
por cuanto espero,
¡la fe, el espíritu,
la tierra, el cielo!

XXVI

Voy contra mi interés al confesarlo;
pero yo, amada mía,
pienso, cual tú, que una oda solo es buena
de un billete del Banco al dorso escrita.
No faltará algún necio que al oírlo
se haga cruces y diga:
"Mujer al fin del siglo diez y nueve
material y prosaica...". ¡Bobería!
¡Voces que hacen correr cuatro poetas
que en invierno se embozan con la lira!
¡Ladridos de los perros a la luna!
Tú sabes y yo sé que en esta vida,
con genio, es muy contado el que la *escribe*,
y con oro, cualquiera *hace* poesía.

XXVII

Despierta, tiemblo al mirarte;
dormida, me atrevo a verte;
por eso, alma de mi alma,
yo velo mientras tú duermes.

Despierta, ríes; y al reír, tus labios
inquietos me parecen
relámpagos de grana que serpean
sobre un cielo de nieve.

Dormida, los extremos de tu boca
pliega sonrisa leve,
suave como el rastro luminoso
que deja en sol que muere...
—¡Duerme!

Despierta, miras, y, al mirar tus ojos
húmedos resplandecen,
como la onda azul, en cuya cresta
chispeando el sol hiere.

Al través de tus párpados, dormida,
tranquilo fulgor viertes,
cual derrama de luz templado rayo

lámpara transparente...
—¡Duerme!

Despierta, hablas, y, al hablar, vibrantes
tus palabras parecen
lluvia de perlas que en dorada copa
se derrama a torrentes.

Dormida, en el murmullo de tu aliento
acompasado y tenue,
escucho yo un poema, que mi alma
enamorada entiende...
—¡Duerme!

Sobre el corazón la mano
me he puesto, porque no suene
su latido, y de la noche
turbe la calma solemne.

De tu balcón las persianas
cerré ya, porque no entre
el resplandor enojoso
de la aurora, y te despierte...
—¡Duerme!

XXVIII

Cuando entre la sombra oscura
perdida una voz murmura
turbando su triste calma,
si en el fondo de mi alma
la oigo dulce resonar;
dime: ¿es que el viento en sus giros
se queja, o que tus suspiros
me hablan de amor al pasar?

Cuando el sol en mi ventana
rojo brilla a la mañana
y mi amor tu sombra evoca,
si en mi boca de otra boca
sentir creo la impresión;
dime: ¿es que ciego deliro,
o que un beso en un suspiro
me envía tu corazón?

Si en el luminoso día
y en la alta noche sombría;
si en todo cuanto rodea
al alma que te desea
te creo sentir y ver;
dime: ¿es que toco y respiro

soñando, o que en un suspiro
me das tu aliento a beber?

XXIX

Sobre la falda tenía
el libro abierto;
en mi mejilla tocaban
sus rizos negros;
no veíamos las letras
ninguno, creo;
mas guardábamos ambos
hondo silencio.
¿Cuánto duró? Ni aun entonces
pude saberlo;
solo sé que no se oía
más que el aliento,
que apresurado escapaba
del labio seco.
Solo sé que nos volvimos
los dos a un tiempo,
y nuestros ojos se hallaron
y sonó un beso.

***

Creación de Dante era el libro,
era su *Infierno*.
Cuando a él bajamos los ojos,
yo dije trémulo:

—¿Comprendes ya que un poema
cabe en un verso?
Y ella respondió encendida:
—¡Ya lo comprendo!

XXX

Asomaba a sus ojos una lágrima
y a mis labios una frase de perdón;
habló el orgullo y se enjugó su llanto,
y la frase en mis labios expiró.

Yo voy por un camino, ella por otro;
pero al pensar en nuestro mutuo amor,
yo digo aún: ¿por qué callé aquel día?
Y ella dirá: ¿por qué no lloré yo?

XXXI

Nuestra pasión fue un trágico sainete
en cuya absurda fábula
lo cómico y lo grave confundidos
risas y llanto arrancan.

Pero fue lo peor de aquella historia
que, al fin de la jornada,
a ella tocaron lágrimas y risas,
¡y a mí solo las lágrimas!

XXXII

Pasaba arrolladora en su hermosura
y el paso le dejé;
ni aun mirarla me volví, y no obstante,
algo en mi oído murmuró: "Esa es".

¿Quién reunió la tarde a la mañana?
Lo ignoro; solo sé
que en una breve noche de verano
se unieron los crepúsculos, y... "fue".

XXXIII

Es cuestión de palabras, y no obstante
ni tú ni yo jamás,
después de lo pasado, convendremos
en quién la culpa está.

¡Lástima que el amor un diccionario
no tenga donde hallar
cuándo el orgullo es simplemente orgullo,
y cuándo es dignidad!

XXXIV

Cruza callada, y son sus movimientos
silenciosa armonía:
suenan sus pasos y, al sonar, recuerdan
del himno alado la cadencia rítmica.

Los ojos entreabre, aquellos ojos
tan claros como el día;
y la tierra y el cielo, cuanto abarcan,
arden con nueva luz en sus pupilas.

Ríe, y su carcajada, tiene notas
del agua fugitiva;
llora, y es cada lágrima un poema
de ternura infinita.

Ella tiene la luz, tiene el perfume,
el color y la línea,
la forma, engendradora de deseos,
la expresión, fuente eterna de poesía.

¿Que es estúpida?... ¡Bah! Mientras, callando,
guarde oscuro el enigma,
siempre valdrá, a mi ver, lo que ella calla
más que lo que cualquiera otra me diga.

XXXV

¡No me admiró tu olvido! Aunque de un día,
me admiró tu cariño mucho más,
porque lo que hay en mí que vale algo,
eso... ¡ni lo pudiste sospechar!

XXXVI

Si de nuestros agravios en un libro
se escribiese la historia,
y se borrase en nuestras almas cuanto
se borrase en sus hojas;

te quiero tanto aún, dejó en mi pecho
tu amor huellas tan hondas,
que solo con que tú borrases una,
¡las borraba yo todas!

XXXVII

Antes que tú me moriré: escondido
en las entrañas ya
el hierro llevo con que abrió tu mano
la ancha herida mortal.

Antes que tú me moriré: y mi espíritu,
en su empeño tenaz,
sentándose a las puertas de la muerte,
allí te esperará.

Con las horas los días, con los días
los años volarán,
y a aquella puerta llamarás al cabo...
¿Quién deja de llamar?

Entonces, que tu culpa y tus despojos
la tierra guardará,
lavándote en las ondas de la muerte
como en otro Jordán;

allí, donde el murmullo de la vida
temblando a morir va,
como la ola que a la playa viene
silenciosa a expirar;

allí donde el sepulcro que se cierra
abre una eternidad...
¡Todo lo que los dos hemos callado
lo tenemos que hablar!

XXXVIII

Los suspiros son aire y van al aire.
Las lágrimas son agua y van al mar.
Dime, mujer: cuando el amor se olvida,
¿sabes tú adónde va?

XXXIX

¿A qué me lo decís? Lo sé: es mudable,
es altanera y vana y caprichosa;
antes que el sentimiento de su alma
brotará el agua de la estéril roca.

Sé que en su corazón, nido de sierpes,
no hay una fibra que al amor responda:
que es una estatua inanimada... pero...
¡es tan hermosa!

XL

Su mano entre mis manos,
sus ojos en mis ojos,
la amorosa cabeza
apoyada en mi hombro.
¡Dios sabe cuántas veces,
con paso perezoso,
hemos vagado juntos
bajo los altos olmos,
que de su casa prestan
misterio y sombra al pórtico!
Y ayer... un año apenas,
pasando como un soplo,
con qué exquisita gracia
con qué admirable aplomo,
me dijo al presentarnos
un amigo oficioso:
"Creo que alguna parte
he visto a usted". ¡Ah!, bobos,
que sois de los salones
comadres de buen tono,
y andáis por allí a caza
de galantes embrollos;
¡Qué historia habéis perdido!
¡Qué manjar tan sabroso
para ser devorado

sotto voce en un corro,
detrás de abanico
de plumas de oro!

***

¡Discreta y casta luna,
copudos y altos olmos,
paredes de su casa,
umbrales de su pórtico,
callad, y que el secreto
no salga con vosotros!
Callad; que por mi parte
lo he vivido todo:
y ella... ella... ¡no hay máscara
semejante a su rostro!

XLI

Tú eras el huracán, y yo la alta
torre que desafía su poder:
¡tenías que estrellarte o que abatirme!...
¡No pudo ser!

Tú eras el Océano, y yo la enhiesta
roca que firme aguarda su vaivén:
¡tenías que romperte o que arrancarme!...
¡No pudo ser!

Hermosa tú, yo altivo; acostumbrados
el uno a arrollar, el otro a no ceder:
la senda estrecha, inevitable el choque...
¡No pudo ser!

XLII

Cuando me lo contaron sentí el frío
de una hoja de acero en las entrañas;
me apoyé contra el muro, y un instante
la conciencia perdí de dónde estaba.

Cayó sobre mi espíritu la noche;
en ira y en piedad se anegó el alma...
¡Y entonces comprendí por qué se llora,
y entonces comprendí por qué se mata!

Pasó la nube de dolor... con pena
logré balbucear breves palabras...
¿Quién me dio la noticia?... Un fiel amigo...
¡Me hacía un gran favor!... Le di las gracias.

XLIII

Dejé la luz a un lado, y en el borde
de la revuelta cama me senté,
mudo, sombrío, la pupila inmóvil
clavada en la pared.

¿Qué tiempo estuve así? No sé: al dejarme
la embriaguez horrible del dolor,
expiraba la luz, y en mis balcones
reía el sol.

Ni sé tampoco en tan terribles horas
en qué pensaba o que pasó por mí;
solo recuerdo que lloré y maldije,
¡y que en aquella noche envejecí!

XLIV

Como en un libro abierto
leo de tus pupilas en el fondo;
¿a qué fingir el labio
risas que se desmienten con los ojos?

¡Llora! No te avergüences
de confesar que me quisiste un poco.
¡Llora! Nadie nos mira,
Ya ves; soy un hombre... ¡y también lloro!

XLV

En la clave del arco mal seguro
cuyas piedras el tiempo enrojeció,
obra de un cincel rudo, campeaba
el gótico blasón.

Penacho de su yelmo de granito,
la hiedra que colgaba en derredor
daba sombra al escudo, en que una mano
tenía un corazón.

A contemplarle en la desierta plaza
nos paramos los dos.
Y, "ese, me dijo, es el cabal emblema
de mi constante amor".

¡Ay!, es verdad lo que me dijo entonces:
verdad que el corazón
lo llevará en la mano... en cualquier parte...
pero en el pecho, ¡no!

XLVI

Me ha herido recatándose en las sombras,
sellando con un beso su traición.
Los brazos me echó al cuello y por la espalda
partiome a sangre fría el corazón.

Y ella prosigue alegre su camino,
feliz, risueña, impávida; ¿y por qué?
Porque no brota sangre de la herida...
¡Porque el muerto está en pie!

XLVII

Yo me he asomado a las profundas simas
de la tierra y del cielo,
y les he visto el fin con los ojos,
o con el pensamiento.

Mas, ¡ay!, de un corazón llegué al abismo,
y me incliné por verlo,
y mi alma y mis ojos se turbaron:
¡tan hondo era y tan negro!

XLVIII

Como se arranca el hierro de una herida
su amor de las entrañas me arranqué,
aunque sentí, al hacerlo, que la vida
me arrancaba con él.

Del altar que la alcé en el alma mía
la voluntad su imagen arrojó,
y la luz de la fe que en ella ardía
ante el ara desierta se apagó.

Aun para el firme empeño
viene a mi mente su visión tenaz...
¡Cuándo podré dormir con ese sueño
en que acaba el soñar!

XLIX

Alguna vez la encuentro por el mundo
y pasa junto a mí:
y pasa sonriéndose y yo digo:
¿Cómo puede reír?

Luego asoma a mi labio otra sonrisa,
máscara del dolor,
y entonces pienso: —¡Acaso ella se ríe,
como me río yo!

L

Lo que el salvaje que con torpe mano
hace de un tronco a su capricho un dios,
y luego ante su obra se arrodilla,
eso hicimos tú y yo.

Dimos formas reales a un fantasma,
de la mente ridícula invención,
y hecho el ídolo ya, sacrificamos
en su altar nuestro amor.

LI

De lo poco de vida que me resta
diera con gusto los mejores años,
por saber lo que a otros
de mí has hablado.

Y esta vida inmortal... y de la eterna
lo que me toque, si me toca algo,
por saber lo que a solas
de mí has pensado.

LII

Olas gigantes que os rompéis bramando
en las playas desiertas y remotas,
envuelto entre la sábana de espumas,
¡llevadme con vosotras!

Ráfagas de huracán, que arrebatáis
del alto bosque las marchitas hojas,
arrastrado en el ciego torbellino,
¡llevadme con vosotras!

Nubes de tempestad, que rompe el rayo
y en fuego ornáis las desprendidas orlas,
arrebatado entre la niebla oscura,
¡llevadme con vosotras!

Llevadme, por piedad, a donde el vértigo
con la razón me arranque la memoria...
¡Por piedad!... ¡Tengo miedo de quedarme
con mi dolor a solas!

LIII

Volverán las oscuras golondrinas
en tu balcón sus nidos a colgar,
y, otra vez, con el ala a sus cristales
jugando llamarán.

Pero aquellas que el vuelo refrenaban
tu hermosura y mi dicha a contemplar,
aquellas que aprendieron nuestros nombres...
esas... ¡no volverán!

Volverán las tupidas madreselvas
de tu jardín las tapias a escalar,
y otra vez a la tarde aún más hermosas,
sus flores se abrirán.

Pero aquellas cuajadas de rocío
cuyas gotas mirábamos temblar
y caer, como lágrimas del día...
esas... ¡no volverán!

Volverán del amor en tus oídos
las palabras ardientes a sonar;
tu corazón de su profundo sueño
tal vez despertará.

Pero mudo y absorto y de rodillas,
como se adora a Dios ante su altar,
como yo te he querido..., desengáñate,
¡así no te querrán!

LIV

Cuando volvemos las fugaces horas
del pasado a evocar,
temblando brilla en sus pestañas negras
una lágrima pronta a resbalar.

Y al fin resbala, y cae como gota
del rocío, al pensar
que, cual hoy por ayer, por hoy mañana
volveremos los dos a suspirar.

LV

Entre el discorde estruendo de la orgía
acarició mi oído,
como nota de lejana música,
el eco de un suspiro.

El eco de un suspiro que conozco,
formado de un aliento que he bebido,
perfume de una flor, que oculta crece
en un claustro sombrío.

Mi adorada de un día, cariñosa,
—¿En qué piensas?, me dijo:
—En nada... —¿En nada, y lloras? —Es que tengo
alegre la tristeza y triste el vino.

LVI

Hoy como ayer, mañana como hoy,
¡y siempre igual!
Un cielo gris, un horizonte eterno,
¡y andar... andar!

Moviéndose a compás, como una estúpida
máquina, el corazón:
la torpe inteligencia del cerebro
dormida en un rincón.

El alma, que ambiciona un paraíso,
buscándole sin fe;
fatiga sin objeto, ola que rueda
ignorando por qué.

Voz que incesante con el mismo tono
canta el mismo cantar;
gota de agua monótona que cae,
¡y cae sin cesar!

Así van deslizándose los días
unos de otros en pos,
hoy lo mismo que ayer... y todos ellos
sin goce ni dolor.

¡Ay!, a veces me acuerdo suspirando
del antiguo sufrir...
Amargo es el dolor; pero siquiera,
¡padecer es vivir!

LVII

Este armazón de huesos y pellejo,
de pasear una cabeza loca
cansado se halla al fin, y no lo extraño;
pues, aunque es la verdad que no soy viejo,
de la parte de vida que me toca
en la vida del mundo, por mi daño
he hecho un uso tal, que juraría
que he condensado un siglo en cada día.

Así, aunque ahora muriera,
no podría decir que no he vivido;
que el sayo, al parecer nuevo por fuera,
conozco que por dentro ha envejecido.

Ha envejecido, sí, ¡pese a mi estrella!,
harto lo dice ya mi afán doliente;
que hay dolor que al pasar su horrible huella
graba en el corazón, si no en la frente.

LVIII

¿Quieres que de ese néctar delicioso
no te amargue la hez?
Pues aspírale, acércale a tus labios
y déjale después.

¿Quieres que conservemos una dulce
memoria de este amor?
Pues amémonos hoy mucho, y mañana
digámonos *¡adiós!*

LIX

Yo sé cuál el objeto
de tus suspiros es;
yo conozco la causa de tu dulce
secreta languidez.
¿Te ríes?... Algún día
sabrás, niña, por qué:
tú acaso lo sospechas,
y yo lo sé.

Yo sé lo que tú sueñas,
y lo que en sueños ves;
como en un libro puedo lo que callas
en tu frente leer.
¿Te ríes?... Algún día
sabrás, niña, por qué:
tú acaso lo sospechas,
y yo lo sé.

Yo sé por qué sonríes
y lloras a la vez:
yo penetro en los senos misteriosos
de tu alma de mujer.
¿Te ríes?... Algún día
sabrás, niña, por qué:

mientras tú sientes mucho y nada sabes,
yo que no siento ya, todo lo sé.

LX

Mi vida es un erial,
flor que toco se deshoja;
que en mi camino fatal,
alguien va sembrando el mal
para que yo lo recoja.

LXI

Al ver mis horas de fiebre
e insomnio lentas pasar,
a la orilla de mi lecho,
¿quién se sentará?

Cuando la trémula mano
tienda, próximo a expirar,
buscando una mano amiga,
¿quién la estrechará?

Cuando la muerte vidrie
de mis ojos el cristal,
mis párpados aún abiertos,
¿quién los cerrará?

Cuando la campana suene
(si suena en mi funeral),
una oración al oírla,
¿quién murmurará?

Cuando mis pálidos restos
opriman la tierra ya,
sobre la olvidada fosa,
¿quién vendrá a llorar?

Quién, en fin, al otro día,
cuando el sol vuelva a brillar,
de que pasé por el mundo,
¿quién se acordará?

LXII

Primero es un albor trémulo y vago,
raya de inquieta luz que corta el mar;
luego chispea y crece y se dilata
en ardiente explosión de claridad.

La brilladora luz es la alegría;
la temerosa sombra es el pesar;
¡ay!, en la oscura noche de mi alma,
¿cuándo amanecerá?

LXIII

Como enjambre de abejas irritadas,
de un oscuro rincón de la memoria
salen a perseguirnos los recuerdos
de las pasadas horas.

Yo los quiero ahuyentar. ¡Esfuerzo tan inútil!
Me rodean, me acosan,
y unos tras otros a clavarme vienen
el agudo aguijón que el alma encona.

LXIV

Como guarda el avaro su tesoro,
guardaba mi dolor;
yo quería probar que hay algo eterno
a la que eterno me juró su amor.

Mas hoy le llamo en vano, y oigo al tiempo
que le agotó, decir:
¡Ah, barro miserable, eternamente
no podrás ni aun sufrir!

LXV

Llegó la noche y no encontré un asilo;
¡y tuve sed...! Mis lágrimas bebí;
¡y tuve hambre! ¡Los hinchados ojos
cerré para morir!

¡Estaba en un desierto! Aunque a mi oído
de las turbas llegaba el ronco hervir,
yo era huérfano y pobre... ¡El mundo estaba
desierto... para mí!

LXVI

¿De dónde vengo?... El más horrible y áspero
de los senderos busca;
las huellas de unos pies ensangrentados
sobre la roca dura;
los despojos de un alma hecha jirones
en las zarzas agudas,
te dirán el camino
que conduce a mi cuna.

¿A dónde voy? El más sombrío y triste
de los páramos cruza,
valle de eternas nieves y de eternas
melancólicas brumas.
En donde esté una piedra solitaria
sin inscripción alguna,
donde habite el olvido,
allí estará mi tumba.

LXVII

¡Qué hermoso es ver el día
coronado de fuego levantarse,
y a su beso de lumbre
brillar las olas y encenderse el aire!

¡Qué hermoso es tras la lluvia
del triste otoño en la azulada tarde,
de las húmedas flores
el perfume beber hasta saciarse!

¡Qué hermoso es cuando en copos
la blanca nieve silenciosa cae,
de las inquietas llamas
ver las rojizas lenguas agitarse!

¡Qué hermoso es cuando hay sueño
dormir bien... y roncar como un sochantre...
y comer... y engordar!... ¡Y qué desgracia
que esto solo no baste!

LXVIII

No sé lo que he soñado
en la noche pasada;
triste, muy triste debió ser el sueño,
pues despierto, la angustia me duraba.

Noté al incorporarme,
húmeda la almohada,
y por primera vez sentí al notarlo,
de un amargo placer henchirse el alma.

Triste cosa es el sueño
que llanto nos arranca;
mas tengo en mi tristeza una alegría...
¡sé que aún me quedan lágrimas!

LXIX

Al brillar un relámpago nacemos,
y aún dura su fulgor cuando morimos:
¡tan corto es el vivir!

La gloria y el amor tras que corremos,
sombras de un sueño son que perseguimos:
¡despertar es morir!

LXX

¡Cuántas veces al pie de las musgosas
paredes que la guardan,
oí la esquila que al mediar la noche
a los maitines llama!

¡Cuántas veces trazó mi triste sombra
la luna plateada,
junto a la del ciprés que de su huerto
se asoma por las tapias!

Cuando en sombras la iglesia se envolvía,
de su ojiva calada,
¡cuántas veces temblar sobre los vidrios
vi el fulgor de la lámpara!

Aunque el viento en los ángulos oscuros
de la torre silbara,
del coro entre las voces percibía
su voz vibrante y clara.

En las noches de invierno, si un medroso
por la desierta plaza
se atrevía a cruzar, al divisarme,
el paso aceleraba.

Y no faltó una vieja, que en el torno
dijese a la mañana,
que de algún sacristán muerto en pecado
acaso era yo el alma.

A oscuras conocía los rincones
del atrio y la portada;
de mis pies las ortigas que allí crecen
las huellas tal vez guardan.

Los búhos que espantados me seguían
con sus ojos de llamas,
llegaron a mirarme con el tiempo
como a un buen camarada.

A mi lado sin miedo los reptiles
se movían a rastras;
¡hasta los mudos santos de granito
vi que me saludaban!

LXXI

No dormía; vagaba en ese limbo
en que cambian de forma los objetos,
misteriosos espacios que separan
la vigilia del sueño.

Las ideas, que en ronda silenciosa
daban vueltas en torno a mi cerebro,
poco a poco en su danza se movían
con un compás más lento.

De la luz que entra al alma por los ojos
los párpados velaban el reflejo,
mas otra luz el mundo de visiones
alumbraba por dentro.

En este punto resonó en mi oído
un rumor semejante al que en el templo
vaga confuso, al terminar los fieles
con un *Amén* sus rezos.

Y oí como una voz delgada y triste
que por mi nombre me llamó a lo lejos,
y sentí olor de cirios apagados,
de humedad y de incienso.

***

Entró la noche, y del olvido en brazos
caí, cual piedra, en su profundo seno.
Dormí, y al despertar exclamé: "¡Alguno
que yo quería ha muerto!".

LXXII

PRIMERA VOZ
—Las ondas tienen vaga armonía,
las violetas suave olor,
brumas de plata la noche fría,
luz y oro el día;
yo algo mejor:
¡yo tengo *amor*!

SEGUNDA VOZ
—Aura de aplausos, nube rabiosa,
ola de envidia que besa el pie,
isla de sueños donde reposa
el alma ansiosa,
¡dulce embriaguez
la *Gloria* es!

TERCERA VOZ
—Ascua encendida es el tesoro,
sombra que huye la vanidad.
Todo es mentira: la gloria, el oro.
Lo que yo adoro
solo es verdad:
¡la *Libertad*!

***

Así los barqueros pasaban cantando
la eterna canción,
y al golpe del remo saltaba la espuma
y heríala el sol.

¿Te embarcas?, gritaban; y yo sonriendo
les dije al pasar:
—Ha tiempo lo hice; por cierto que aún tengo
la ropa en la playa tendida a secar.

LXXIII

Cerraron sus ojos
que aún tenía abiertos;
taparon su cara
con un blanco lienzo;
y unos sollozando,
otros en silencio,
de la triste alcoba
todos se salieron.

La luz, que en un vaso
ardía en el suelo,
al muro arrojaba
la sombra del lecho;
y entre aquella sombra
veíase a intervalos,
dibujarse rígida
la forma del cuerpo.

Despertaba el día,
y a su albor primero
con sus mil ruidos
despertaba el pueblo.
Ante aquel contraste
de vida y misterios,
de luz y tinieblas,

medité un momento:
"¡Dios mío, qué solos
se quedan los muertos!".

De la casa en hombros
lleváronla al templo,
y en una capilla
dejaron el féretro.
Allí rodearon
sus pálidos restos
de amarillas velas
y de paños negros.

Al dar de las ánimas
el toque postrero,
acabó una vieja
sus últimos rezos;
cruzó la ancha nave,
las puertas gimieron,
y el santo recinto
quedose desierto.

De un reloj se oía
compasado el péndulo,
y de algunos cirios
el chisporroteo.
Tan medroso y triste,
tan oscuro y yerto

todo se encontraba...
que pensé un momento:
"¡Dios mío, qué solos
se quedan los muertos!".

De la alta campana
la lengua de hierro,
le dio, volteando,
su adiós lastimero.
El luto en las ropas,
amigos y deudos
cruzaron en fila,
formando el cortejo.

Del último asilo,
oscuro y estrecho,
abrió la piqueta
el nicho a un extremo.
Allí la acostaron,
tapiáronle luego,
y con un saludo
despidiose el duelo.

La piqueta al hombro,
el sepulturero
cantando entre dientes
se perdió a lo lejos.
La noche se entraba,

reinaba el silencio;
perdido en las sombras
medité un momento:
"¡Dios mío, qué solos
se quedan los muertos!".

En las largas noches
del helado invierno,
cuando las maderas
crujir hace el viento
y azota los vidrios
el fuerte aguacero,
de la pobre niña
a veces me acuerdo.

Allí cae la lluvia
con un son eterno;
allí la combate
el soplo del cierzo.
Del húmedo muro
tendida en el hueco,
¡acaso de frío
se hielan los huesos!...

***

¿Vuelve el polvo al polvo?
¿Vuela el alma al cielo?

¿Todo es vil materia,
podredumbre y cieno?
No sé; pero hay algo
que explicar no puedo,
que al par nos infunde
repugnancia y duelo,
a dejar tan tristes,
¡tan solos los muertos!

LXXIV

Las ropas desceñidas,
desnudas las espadas,
en el dintel de oro de la puerta
dos ángeles velaban.

Me aproximé a los hierros
que defienden la entrada,
y de las dobles rejas en el fondo
la vi confusa y blanca.

La vi como la imagen
que en un ensueño pasa,
como un rayo de luz, tenue y difuso,
que entre tinieblas nada.

Me sentí de un ardiente
deseo llena el alma:
¡como atrae un abismo, aquel misterio
hacia sí me arrastraba!

Mas, ¡ay!, que de los ángeles
parecían decirme las miradas:
—¡El umbral de esta puerta
solo Dios lo traspasa!

LXXV

¿Será verdad que cuando toca el sueño
con sus dedos de rosa nuestros ojos,
de la cárcel que habita huye el espíritu
en vuelo presuroso?

¿Será verdad que, huésped de las nieblas,
de la brisa nocturna al tenue soplo,
alado sube a la región vacía
a encontrarse con otros?

¿Y allí, desnudo de la humana forma,
allí, los lazos terrenales rotos,
breves horas habita de la idea
el mundo silencioso?

¿Y ríe y llora y aborrece y ama,
y guarda un rastro del dolor y el gozo,
semejante al que deja cuando cruza
el cielo un meteoro?

¡Yo no sé si ese mundo de visiones
vive fuera, o va dentro de nosotros;
pero sé es que conozco a muchas gentes
a quienes no conozco!

LXXVI

En la imponente nave
del templo bizantino,
vi la gótica tumba, a la indecisa
luz que temblaba en los pintados vidrios.

Las manos sobre el pecho,
y en las manos un libro,
una mujer hermosa reposaba
sobre la urna, del cincel prodigio.

Del cuerpo abandonado
al dulce peso hundido,
cual si de blanda pluma y raso fuera
se plegaba su lecho de granito.

De la postrer sonrisa,
el resplandor divino
guardaba el rostro, como el cielo guarda
del sol que muere el rayo fugitivo.

Del cabezal de piedra
sentados en el filo,
dos ángeles, el dedo sobre el labio,
imponían silencio en el recinto.

No parecía muerta;
de los arcos macizos
parecía dormir en la penumbra,
y que en sueños veía el paraíso.

Me acerqué de la nave
al ángulo sombrío,
como quien llega con callada planta
junto a la cuna donde duerme un niño.

La contemplé un momento,
y aquel resplandor tibio,
aquel lecho de piedra que ofrecía
próximo al muro otro lugar vacío.

En el alma avivaron
la sed de lo infinito,
el ansia de esa vida de la muerte,
para la que un instante son los siglos...

***

Cansado del combate
en que luchando vivo,
alguna vez recuerdo con envidia
aquel rincón oscuro y escondido.

De aquella muda y pálida
mujer me acuerdo y digo:
¡Oh, qué amor tan callado el de la muerte!
¡Qué sueño el del sepulcro tan tranquilo!

Notas para la edición de 2021

1) Contexto histórico

El siglo XIX es una época turbulenta para España. Comienza con la invasión francesa en 1808 y su consiguiente guerra de independencia, y termina con el conflicto hispano-estadounidense, también conocido como el Desastre del 98, estocada final al corazón del Imperio Español.

2) Contexto literario

En lo político y social, el país sufre grandes cambios, al compás de enroques dinásticos, ensayos republicanos y una restauración monárquica. En sintonía con los principales países del continente, España ve nacer, prosperar y coexistir diversos movimientos artísticos, a menudo contrapuestos.

En este contexto, Bécquer es un exponente fundamental del romanticismo tardío, aunque escribe en pleno auge del realismo. Alejado de la pomposidad y los lugares comunes de la época, tanto en su prosa como en su poesía, ensaya una nueva encarnación del romanticismo, distanciado de la retórica y procurando alcanzar un intimismo lírico, ornado en su justa medida.

Bécquer poeta dice tanto con sus palabras como con aquello que insinúa, y sus breves poemas dejan suspendidas un sinfín de evocaciones en cadencia musical. Como prosista, es un maestro del género en la lengua castellana, en particular del relato gótico y la prosa lírica, en los que integra elementos de su poesía.

Con Rosalía de Castro, es un pionero de la lírica moderna, al tiempo que sirve de puente con corrientes del romanticismo más ortodoxo, integrando con éxito la poesía popular (sin caer en el costumbrismo realista) y la "estética del sentimiento".

3) Biografía

Bécquer nace en Sevilla el 17 de febrero de 1836, en el seno de una familia de artistas de origen noble y con raíces flamencas, aunque establecida en Andalucía desde el siglo XVII.

Huérfano a temprana edad, Gustavo Adolfo es adoptado por su tía materna junto a sus numerosos hermanos. El más allegado, Valeriano, se destaca en la pintura.

Bécquer estudia en el Real Colegio de Humanidades de San Telmo de Sevilla, hasta su cierre por el Estado.

El 19 de mayo de 1861, contrae matrimonio con Casta Esteban y Navarro, en Madrid, con quien tiene tres hijos. Tras ejercer algunos oficios, se destaca como cronista de salones y, en paralelo, comienza a escribir para complementar el ajustado ingreso familiar.

En 1863, tiene una recaída de tuberculosis y se traslada con Valeriano al Monasterio de Veruela (Zaragoza), lugar de tratamiento para esta enfermedad. En el antiguo monasterio encuentra fuente de inspiración para los relatos románticos de *Leyendas* y para las *Cartas desde mi celda*, publicadas estas últimas originalmente en el periódico *El confidencial*. Es una etapa seminal de su producción artística.

Tras su recuperación, trabaja como censor de novelas en Madrid entre 1864 y 1868; en 1870, con la muerte de su inseparable hermano Valeriano de por medio, es nombrado director de *La Ilustración* de Madrid.

Muere en Madrid a los 34 años, el 22 de diciembre de ese mismo año.

4) Legado literario

La influencia de Gustavo Adolfo Bécquer en la poesía en español es mayúscula. Aunque es justo clasificarlo como escritor romántico, el calificativo queda corto. En su obra es innegable la sensibilidad del simbolismo, e incluso se observan rasgos de modernismo.

Su influjo se aprecia en la obra de varias generaciones de autores hispanoamericanos, entre los que se cuentan Delmira Agustini, Rubén Darío, Leopoldo Lugones y Amado Nervo.

5) Citas de esta obra

Introducción sinfónica:

Me cuesta trabajo saber qué cosas he soñado y cuáles me han sucedido: mis afectos se reparten entre fantasmas de la imaginación y personajes reales; mi memoria clasifica revueltos nombres y fechas de mujeres y días que han muerto o han pasado con los de días y mujeres que no han existido sino en mi mente.

RIMA IV:

Podrá no haber poetas, pero siempre habrá poesía.

RIMA XVII:

Hoy la tierra y los cielos me sonríen;
hoy llega al fondo de mi alma el sol;
hoy la he visto... la he visto y me ha mirado...
¡Hoy creo en Dios!

RIMA XXX:

Asomaba a sus ojos una lágrima
y a mis labios una frase de perdón;
habló el orgullo y se enjugó su llanto,
y la frase en mis labios expiró.

RIMA XXXI:

Nuestra pasión fue un trágico sainete
en cuya absurda fábula
lo cómico y lo grave confundidos
risas y llanto arrancan.

RIMA XXXIV:

Ella tiene la luz, tiene el perfume,
el color y la línea,
la forma, engendradora de deseos,
la expresión, fuente eterna de poesía.

RIMA XXXVIII:

Dime, mujer: cuando el amor se olvida,
¿sabes tú adónde va?

RIMA XLI:

Hermosa tú, yo altivo; acostumbrados
el uno a arrollar, el otro a no ceder:
la senda estrecha, inevitable el choque...
¡No pudo ser!

RIMA XLVI:

Y ella prosigue alegre su camino,

feliz, risueña, impávida; ¿y por qué?
Porque no brota sangre de la herida...
¡Porque el muerto está en pie!

RIMA LII:

Llevadme, por piedad, a donde el vértigo
con la razón me arranque la memoria...
¡Por piedad!... ¡Tengo miedo de quedarme
con mi dolor a solas!

RIMA LIII

Volverán las oscuras golondrinas
en tu balcón sus nidos a colgar,
y, otra vez, con el ala a sus cristales
jugando llamarán.

RIMA LV:

Es que tengo
alegre la tristeza y triste el vino.

RIMA LVI:

Así van deslizándose los días
unos de otros en pos,
hoy lo mismo que ayer... y todos ellos
sin goce ni dolor.

RIMA LXVI:

En donde esté una piedra solitaria
sin inscripción alguna,
donde habite el olvido,
allí estará mi tumba.

Índice

INTRODUCCIÓN SINFÓNICA 7
I 11
II 12
III 13
IV 17
V 19
VI 23
VII 24
VIII 25
IX 26
X 27
XI 28
XII 29
XIII 32
XIV 33
XV 34
XVI 35
XVII 36
XVIII 37
XIX 38
XX 39
XXI 40
XXII 41
XXIII 42
XXIV 43
XXV 44
XXVI 46
XXVII 47
XXVIII 49
XXIX 51
XXX 53
XXXI 54
XXXII 55
XXXIII 56

XXXIV	57
XXXV	58
XXXVI	59
XXXVII	60
XXXVIII	62
XXXIX	63
XL	64
XLI	66
XLII	67
XLIII	68
XLIV	69
XLV	70
XLVI	71
XLVII	72
XLVIII	73
XLIX	74
L	75
LI	76
LII	77
LIII	78
LIV	80
LV	81
LVI	82
LVII	84
LVIII	85
LIX	86
LX	88
LXI	89
LXII	91
LXIII	92
LXIV	93
LXV	94
LXVI	95
LXVII	96
LXVIII	97
LXIX	98
LXX	99

LXXI	101
LXXII	103
LXXIII	105
LXXIV	110
LXXV	111
LXXVI	112
Notas para la edición de 2021	115

www.ingramcontent.com/pod-product-compliance
Lightning Source LLC
Chambersburg PA
CBHW021114080526
44587CB00010B/519